Silbenbuch 1. Klasse

Meine allerschönsten Weihnachtsgeschichten

Einfache Silbengeschichten zum
Lesenlernen für Kinder ab 6 Jahren
(Erstlesebuch 1. Klasse)

Felix Adler

THIER
MEDIA
VERLAG

Unser gesamtes lieferbares Programm und weitere Informationen zu unseren Büchern und unserem Verlag findest du auf unserer Website und in den sozialen Netzwerken.

 www.thier-media.de

 feedback@thier-media.de

 @thiermediaverlag

Copyright @ 2023, Thier Media Verlag
Wenneberg 14, 48653 Coesfeld
Vertreten durch Fabian und Julian Thier
Alle Rechte vorbehalten
Titel: Meine allerschönsten Weihnachtsgeschichten
Veröffentlichung: Oktober 2023

ISBN 978-3-98876-080-7

Konzeption: Thier Media Verlag
Geschichten: Felix Adler
Illustrationen: Julian Thier
Lektorat: Fabian Thier
Korrektorat: Jana Fischer
Umschlagsgestaltung: Julian Thier
Layout und Satz: Fabian Thier
Druck und Bindung: Amazon Logistics
Druck in Leipzig (DE) und Breslau (PL)

Bilddatenbanken
https://www.canva.com
https://www.pexels.com
https://www.pixabay.com

Illustrationen
https://www.midjourney.com

Ein schönes Ritual

Familie Müller ist eine große Familie.
Lara ist das älteste Kind. Seit dem
Sommer geht sie in die Schule.

Ihre drei Geschwister gehen noch
in die Kita. Bei Familie Müller gibt
es ein Ritual.

Am Weihnachtsabend kommt die ganze
Familie unter dem bunt geschmückten
Tannenbaum zusammen.

Gemeinsam singen sie Lieder und
die Eltern lesen viele schöne
Geschichten vor.

Schneeflocken am Abend

Morgen ist Weihnachten.
In einem verschneiten Wald
steht der kleine Schneemann Finn.

Er trägt eine grüne Pudelmütze auf
dem Kopf und hat einen rot-weiß
gestreiften Schal um den Hals.

Finn strahlt vor Freude, als plötzlich
Schneeflocken vom Himmel fallen.
Er liebt den Schnee über alles.

Schnell streckt Finn seine hölzernen
Arme aus und spürt, wie die
Schneeflocken auf ihn fallen.

Adventssingen

Anni geht heute mit ihren Eltern zum Adventssingen ins Dorf. Es ist bereits dunkel, als sie das Haus verlassen.

Anni trägt einen warmen Mantel und eine dicke Wollmütze. Ihre langen Haare leuchten im Laternenlicht.

Anni liebt die Weihnachtszeit.
Der Schnee fällt auf die Dächer
und bedeckt überall die Straßen.

Unterwegs treffen sie ihre Nachbarn und Freunde. Gemeinsam singen sie schöne Weihnachtslieder.

Lutz auf der Piste

Lutz hat schon seit einer Woche
Weihnachtsferien. Seine Eltern sind
mit ihm in die Berge gefahren.

Sie wohnen in einem Gasthaus direkt
neben einer Schneepiste. Natürlich hat
Lutz seinen Schlitten mitgenommen.

Das Wetter ist klasse. Die Sonne scheint
und die kalte Bergluft ist herrlich. Lutz
geht jeden Tag auf die Piste.

Die Abfahrt ist über zweihundert Meter
lang. In der Mitte ist ein kleiner Huckel.
Dort fliegt Lutz immer ein Stück.

In der Himmelswerkstatt

In der Himmelswerkstatt ist viel los.
In drei Wochen ist Weihnachten und es
kommen täglich neue Wunschzettel an.

Die Elfen haben viel zu tun. Sie müssen
alle Wunschzettel lesen und danach die
Geschenke herstellen und verpacken.

Der Weihnachtsmann kann sich auf
seine fleißigen Helferlein verlassen.
Die Elfen sind schnell und geschickt.

Jedes Jahr sind sie pünktlich fertig.
Wenn das letzte Paket auf dem Schlitten
liegt, machen die Elfen eine große Feier.

Schlaf gut, liebe Ida

Für Ida ist morgen ein besonderer Tag.
Denn morgen hat sie Geburtstag und
wird 7 Jahre alt.

Außerdem ist morgen der letzte Schultag
vor den Weihnachtsferien. Am Abend
sitzt Ida aufgeregt in ihrem Bett.

„Morgen in der Schule singen bestimmt
alle ein Lied für mich", denkt Ida und
schmunzelt ein wenig.

Dann legt sie sich hin und zieht die
Decke bis zum Hals. Ida liebt ihr
kuscheliges und warmes Bett.

Der erste Schnee

Die Zwillinge Kilian und Greta freuen
sich riesig, als endlich der erste Schnee
vom Himmel fällt.

„Dürfen wir bitte noch nach draußen?",
fragt Kilian. „Na klar", antwortet ihre
Mutter Melanie.

Sofort ziehen die Geschwister ihre
Jacken und Stiefel an und rennen auf die
Straße. Hund Belli ist auch dabei.

Auf der Straße liegt schon viel Schnee.
„Schneeballschlacht!", ruft Greta. Hund
Belli schnappt nach den Schneeflocken.

Die Sternschnuppe

Janosch und seine Schwester Heidi
sind ganz aufgeregt. Heute übernachten
sie mit Papa in einer alten Berghütte.

Es ist eine sternenklare Nacht.
Gemeinsam mit ihrem Vater wollen
sie Sternschnuppen beobachten.

„Wenn man eine sieht, dann
darf man sich etwas wünschen",
ist sich Janosch sicher.

Plötzlich sehen sie eine Sternschnuppe
am Himmel. Sofort schließt Janosch
seine Augen und wünscht sich etwas.

Oma ist die Beste

Familie Hase lebt in einem kleinen
Nadelwald im Norden. Im Winter
gibt es hier viel Schnee.

Oma Hase hat für die kalten Wintertage
schöne warme Jacken gemacht. Bei
Familie Hase muss keiner frieren.

Marla ist die älteste Hasentochter.
Sie hat ihre kuschelige Jacke bereits
angezogen. Sie ist rot, grün und weiß.

Als Marla durch den Schnee läuft, hält
die Jacke sie schön warm. „Meine Oma
ist die Beste!", denkt Marla und lacht.

Anton ist aufgeregt

Anton ist ganz aufgeregt. Das Licht im Wohnzimmer ist an und die alte Spieluhr läuft. Der Weihnachtsmann war da.

Als Anton vorsichtig durch die Tür schaut, sieht er viele bunt verpackte Geschenke unter dem Baum liegen.

Anton will sich gleich auf die Pakete stürzen. Aber seine Mutter möchte zuvor noch ein paar Fotos machen.

Dann ist Anton endlich dran. Er greift sich das erste Geschenk und packt es freudig aus. Endlich ist Weihnachten.

Marie gibt Vollgas

Darauf hat Marie schon den ganzen Dezember gewartet. Endlich liegt Schnee auf dem kleinen Hügel.

Früher ist Marie immer mit ihrem Vater auf einem Schlitten gefahren. Aber nun hat sie einen eigenen.

Ihr Onkel hat ihr den Schlitten zur Einschulung geschenkt. „Mit zwei extra schnellen Kufen", hat er damals gesagt.

Als Marie den Hügel heruntersaust, kann sie ihr Glück kaum fassen. „Der ist mega schnell!", ruft sie.

Tommi aus Schweden

Bei Mikas Familie ist heute etwas Magisches geschehen. Hinter der Wand im Flur ist ein Wichtel eingezogen.

Mika kann sein Glück kaum fassen. Der Wichtel hat sogar einen Brief hinterlassen.

Sein Name ist Tommi und er kommt aus Schweden. Er ist zu Besuch und muss ein paar Dinge erledigen.

Als Mika aus der Schule kommt, liegen Tomaten und Schüsseln auf dem Boden. Das war bestimmt dieser Tommi.

Elias hat eine Idee

Morgen ist der 6. Dezember.
Der Nikolaus kommt und bringt
leckere Süßigkeiten, Obst und Nüsse.

Er ist ein freundlicher, älterer Mann
mit einem weißen Bart und einem
roten Mantel.

Damit man Leckereien bekommt,
muss man einen geputzten Stiefel
vor die Tür stellen.

Elias hat eine Idee. Er schnappt sich
einen Stiefel von Mama. „Da passt
mehr rein", schmunzelt Elias freudig.

Hurra, Ferien!

In der Klasse 1a ist die Stimmung
heute besonders gut. Nach der
vierten Stunde beginnen die Ferien.

In der vierten Stunde haben die Kinder
Musik. Die Kinder singen fröhlich und
die Lehrerin spielt auf ihrer Gitarre.

Zur Feier des Tages tragen
alle Kinder weihnachtliche Kleidung.
Luisa hat noch eine Überraschung dabei.

Am Ende des letzten Liedes wirft sie
Konfetti in die Luft und ruft: „Schöne
Weihnachtsferien!"

Ein Geschenk für Teddy

Teddy sitzt in seiner warmen und gemütlichen Stube. Hinter ihm steht der geschmückte Tannenbaum.

Teddy ist ganz aufgeregt, denn heute ist Heiligabend. Seine Augen funkeln im Kerzenschein.

Überall liegen festlich verpackte Geschenke. Teddy hat sich auch schon ein Paket geschnappt.

„Kommt schnell!", ruft Teddy laut. Sofort eilen seine Schwester und seine Eltern herbei.

Frühaufsteher

Gestern war der Heilige Abend. Jannik hat seinen größten Wunsch erfüllt bekommen.

Er hat ein Spielzeugauto bekommen. Man kann die Türen öffnen und es hat sogar richtiges Licht.

Jannik hat den ganzen Abend damit gespielt. Als Jannik heute in der Früh aufwacht, schlafen noch alle.

Leise schleicht er sich ins gemütliche Wohnzimmer und spielt mit seinem neuen Auto.

Die Meisterköchin

In der Küche von Familie Wimmer
herrscht heute Chaos. Mama hat die
ganze Familie zum Essen eingeladen.

Insgesamt kommen fünfzehn Personen.
Mama kocht jedes Jahr am zweiten
Advent ein großes Festmahl für alle.

Heute Vormittag hilft Leni ihrer Mutter
fleißig in der Küche. Sie schält Kartoffeln
und wäscht das Gemüse.

„Leni, du bist eine große Hilfe",
freut sich Mama. „Und du bist eine
echte Meisterköchin", lacht Leni.

Vorfreude

Mats steht am Fenster seines Zimmers. Es ist bereits Abend. Mats schaut in den verschneiten Sternenhimmel.

In ein paar Tagen ist Weihnachten und Mats freut sich schon sehr darauf. Er liebt die Weihnachtsferien.

„Es ist die schönste Zeit des Jahres", findet Mats. In seinem Zimmer ist es warm und gemütlich.

Als Mats eine Sternschnuppe sieht, wünscht er sich, dass alle Menschen glücklich sind.

Schwesterliebe

Clara und ihre kleine Schwester
Lina sind zwei echte Zicken.
Clara ist 8 Jahre alt. Lina ist 6.

In den Ferien wollen die beiden aber
nicht streiten. Das haben sie Mama
und Papa fest versprochen.

Und das klappt super. Clara und Lina
spielen und lachen viel zusammen.
Mama und Papa sind glücklich.

Sogar beim Auspacken der Geschenke
wechseln sich die beiden Schwestern ab.
Es ist schön, nicht zu streiten.

Bücher und Kakao

Paul ist 6 Jahre alt und spielt gerne draußen an der frischen Luft. Er liebt Fußballspielen und Klettern.

Paul hat aber auch noch eine andere Seite. Wenn es draußen kalt wird, macht er es sich in seinem Zimmer gemütlich.

Dann holt er seine Bücher aus dem Regal und liest den ganzen Tag. Dabei trinkt er gern einen leckeren Kakao.

Besonders im Winter hat Paul große Freude am Lesen. Am liebsten mag er Abenteuergeschichten.

Die Weihnachtsbäckerei

Jedes Jahr im Dezember
verwandeln Luis und seine Mutter
die Küche in eine Bäckerei.

Auch in diesem Jahr haben sie
wieder eine riesengroße Freude
am gemeinsamen Backen.

Im ganzen Haus duftet es nach
leckerem Teig und süßer Glasur. Luis
liebt den Geruch von frischem Gebäck.

Heute backen die beiden Zimtsterne
und Makronen. Zwischendurch nascht
Luis schon ein paar Plätzchen.

Eine Nachricht für Ella

Ella ist ein tapferes Mädchen. Sie war in diesem Jahr sehr oft krank. Manchmal musste sie sogar ins Krankenhaus.

Ihr größter Wunsch war es, dass sie an Weihnachten wieder gesund ist. Das hat Ella geschafft.

An Heiligabend liegt ein Brief unter dem Baum. „Für Ella", steht drauf. Als Ella den Brief öffnet, strahlen ihre Augen.

„Der Brief ist vom Weihnachtsmann", sagt sie leise. „Er ist stolz auf mich und ich bekomme ein Geschenk extra!"

Die Naschkatze

Bei Familie Hansen ist ein moppeliger Wichtel eingezogen. Sein Name ist Lasse. Er kommt aus Norwegen.

Lasse ist eine richtige Naschkatze. Nachts, wenn alle Hansens schlafen, schleicht er durch das Haus.

Lasse ist immer auf der Suche nach Leckereien. Heute Nacht hat er die Vorratskammer entdeckt.

Leckere Nüsse, Schokolade und Kekse gibt es hier. Lasse setzt sich auf den Boden und nascht, so viel er kann.

Mia und ihre Gitarre

Schon seit zwei Jahren geht Mia in die Musikschule. Mia spielt Gitarre, genau wie ihre Tante Monika.

„Meine kleine Mia ist ein Naturtalent", meint ihre Tante. Mia ist stolz auf ihr Talent. Natürlich übt sie auch viel.

Heute hat Mia eine Überraschung für ihre Tante und ihre Eltern vorbereitet. Sie hat ein neues Lied geübt.

Mia setzt sich neben den geschmückten Weihnachtsbaum und beginnt zu spielen. Die Erwachsenen lauschen glücklich.

Auf dem Weihnachtsmarkt

Liam geht heute mit seiner ganzen
Familie auf den Weihnachtsmarkt.
Sein Onkel Berti hatte die Idee.

Er will allen eine Bratwurst und
einen Punsch spendieren.
Für Liam gibt es Kinderpunsch.

Der Weihnachtsmarkt ist in der ganzen
Stadt. Überall stehen kleine Buden,
wo man etwas kaufen kann.

„Da hinten gibt es Würstchen",
sagt sein Onkel Berti. Alle folgen
ihm hungrig und ungeduldig.

Oh, Tannenbaum

Hanna und ihr Vater haben einen
schönen Tannenbaum ausgesucht.
Er passt perfekt in das Wohnzimmer.

Der Baum ist etwas größer als Hanna,
aber ein wenig kleiner als ihr Vater.
Und er hat kräftige grüne Zweige.

Hanna läuft schnell in den Keller.
Sie sucht die Lichterkette und den
anderen Baumschmuck heraus.

Sie wickelt die Lichterkette gekonnt um
den Tannenbaum. Fertig. Hanna und ihr
Vater singen: „Oh, Tannenbaum…"

Mittagspause

Alvin ist ein junger Elf. Genau wie seine Freunde, arbeitet Alvin den ganzen Winter in der Himmelswerkstatt.

Nachdem die Geschenke hergestellt und in schönes Papier eingepackt wurden, müssen sie noch sortiert werden.

Das ist heute Alvins Aufgabe. In der Himmelswerkstatt gibt es eine riesige Lagerhalle mit vielen Regalen.

Nachdem Alvin schon den ganzen Morgen Geschenke sortiert hat, braucht er erstmal einen Mittagsschlaf.

Herzlichen Glückwunsch

Im Winter ist es draußen kalt.
Oft ist die Temperatur unter 0 Grad.
Heute hat es auch noch geschneit.

Das mag die kleine Maus Laura gar
nicht. Laura hat ihren dicken Schal
herausgesucht.

Sie ist heute bei ihrem Freund Milo
eingeladen. Der hat Geburtstag. Als sie
zu ihm läuft, bekommt sie nasse Füße.

„Herzlichen Glückwunsch!", ruft sie laut,
als Milo die Tür öffnet. Dann schenkt sie
ihm ein leckeres Stück Käse.

Nikke ist dabei

Es ist einen Tag vor dem 24. Dezember.
Der Weihnachtsmann ruft den Wichtel
Nikke in sein Büro.

„Nikke, ich brauche morgen deine Hilfe",
sagt der Weihnachtsmann. Nikke ist der
schnellste Wichtel weit und breit.

„Ohne dich schaffe ich es dieses Jahr
nicht", erklärt er. „Kommst du mit?"
Nikke ist begeistert. „Natürlich!", ruft er.

Nikke ist leise und flink. Es bereitet ihm
viel Freude, die Geschenke unter die
Bäume zu legen.

Schneeballschlacht

Noah und sein Vater haben für das
Wochenende einen ganz besonderen
Plan. Noah freut sich seit Tagen.

Sie wollen eine Schneeballschlacht
machen und einen Schneemann bauen.
Genug Schnee ist mittlerweile gefallen.

Samstagmorgen nach dem Frühstück
geht es los. Noah und sein Vater ziehen
sich warm an und verlassen das Haus.

Noah formt direkt einen Schneeball
und wirft ihn auf seinen Vater.
„Treffer!", ruft Noah laut.

Lieber Weihnachtsmann

Amelie hat einen Brief für den
Weihnachtsmann geschrieben.
Sie will ihn heimlich etwas fragen.

Seit dem Sommer ist Amelie in der
Grundschule. Sie kann schon ein
bisschen Lesen und Schreiben.

Als der Weihnachtsmann am Abend
ihren Brief findet, freut er sich sehr.
„So ein liebes Mädchen", denkt er.

„Lieber Weihnachtsmann, bitte leg
auch ein schönes Geschenk für meine
Mutter unter den Baum. Deine Amelie."

Die Brieffreundin

Dieses Jahr ist alles anders. Im Sommer ist Emmas Freundin Jule weggezogen. Jule wohnt jetzt in einer anderen Stadt.

Emma möchte Ihrer Freundin gerne einen Brief schreiben und ihr schöne Weihnachtsferien wünschen.

Mama besorgt alles, was Emma benötigt. Ein paar Seiten Briefpapier, einen Umschlag und eine Briefmarke.

Emma setzt sich an den Tisch und beginnt zu schreiben. Da wird Jule sich aber sehr freuen", sagt Mama.

Der Tollpatsch

Wichtel Matti steckt in Schwierigkeiten.
Er wollte doch nur ein paar Kugeln
vom Weihnachtsbaum stibitzen.

Leider hat er sich mit dem rechten
Fuß in der Lichterkette verfangen.
Matti ist eben ein richtiger Tollpatsch.

Als er sich befreien will, verheddert er
sich immer mehr in der Lichterkette.
Sie ist plötzlich überall.

Jetzt leuchtet Matti heller als der Baum.
„Oh nein", denkt Matti. „So ein
Schlamassel."

Eine große Auswahl

Maya und ihr Vater fahren heute in den
Wald und suchen einen schönen
Weihnachtsbaum aus.

Die Bäume in der Stadt haben Maya
alle nicht gefallen. Die waren nicht
schön und viel zu klein.

Da hatte ihr Vater die Idee, in den Wald
zu fahren. „Im Wald ist die Auswahl
riesengroß", sagt er zu Maya.

Maya liebt ihren Vater über alles.
Er weiß in jeder Situation, was zu tun ist.
Im Wald drückt sie ihn fest an sich.

Kennst du schon unsere tierischen und dinostarken Silbengeschichten?

Unser gesamtes Programm auf

www.thier-media.de

Printed in France by Amazon
Brétigny-sur-Orge, FR

15950136R00042